AF562414

DISCOURS

POUR LA FÊTE

DU DIX AOUT

PRONONCÉ

LE 23 THERMIDOR AN VII

PAR

LE C.en B. GOYNEAU,

Substitut du Commissaire du Pouvoir exécutif près les Tribunaux civil et criminel du Département du Mont-Tonnerre.

LA philosophie ne doit jamais se lasser de reproduire aux hommes des vérités utiles; elle doit s'occuper tour à tour, de les convaincre et de diriger leurs passions, de les arracher aux ténèbres, pour les rendre à la lumière, et donner aux yeux de leurs ames la force nécessaire, pour en fixer les rayons, comme l'aigle fixe les rayons d'un soleil sans nuage.

L'homme qui a discerné le bien est déjà passionné du besoin d'en faire la conquête; l'homme qui prévoit le danger trouve presque toujours le moyen de s'en garantir.

Rappellons donc aujourd'hui dans cette fête mémorable, instituée pour célébrer la défaite de la royauté et le triomphe de la République, rappellons aux vrais amis de leur patrie, aux Français de tous les partis :

« Qu'une monarchie, que la corruption et la raison » ont détruite, ne peut plus se récomposer. »

« Que la République, quand les liens de la monar» chie sont rompus, est le seul gouvernement im» médiat et nécessaire dans lequel le peuple doit » chercher son salut et sa gloire. »

Et ne doutons point que si ces vérités sont bien connues et bien senties, elles ne nous rendent la victoire qui est le fruit de l'union et de la force, et avec elle la paix et le bonheur, que nos dissentions domestiques ont si longtems écartés de nos cœurs.

Les monarchies anciennes n'ont duré qu'un jour, les monarchies modernes ont duré plusieurs siècles; * celles-ci étoient établies sur des régles, les autres ne devoient pas en avoir.

Dans les monarchies anciennes, le caractère du monarque y fesoit toujours le sort du peuple, l'habitude plutôt que les principes y fesoient la loi de la subordination, la seule qui y fut nécessaire; les convulsions politiques n'y avoient pour objêt que le changement des personnes, jamais celui des choses; elles y naissoient ou de la non existence des loix sur la succession au trône, ou de la tyrannie du monarque qui forçoit le peuple opprimé de se jetter dans les bras d'un ambitieux.

Les rois étoient sans amour pour les peuples, les peuples sans amour pour les rois; à des distances infinies les uns des autres, ils n'avoient d'autres rapports que ceux de la domination la plus illimitée et de l'obéissance la plus absolue.

Aussi avec qu'elle incroyable facilité les Romains ne dévorèrent-ils pas tous les rois de la terre? ils les firent les sujêts de leurs triomphes et les jouets de

---

* La durée de quelques monarchies anciennes semble contredire cette vérité historique; mais on observera qu'elles ont toujours conservé quelques caractères du Gouvernement despotique et que leur isolement des peuples qui avoient un Gouvernement régulier avoit suspendu leur anéantissement.

leur orgueil ; ils les conservèrent lorsqu'ils trouvèrent plus utile pour eux, de les rendre leurs tributaires que de les détruire : ils dissipèrent toutes leurs coalitions avec plus de facilité qu'ils ne soumirent la petite peuplade des Samnites, et faisant à leur tour la triste expérience, que les peuples ne défendent jamais les gouvernemens, auxquels on ne les a pas intéressés, ils virent envahir toutes leurs conquêtes par des nations, dont tous les membres unis par le sentiment de l'intérêt commun, répandirent en Europe de nouveaux principes dans l'art de gouverner les sociétés politiques.

Le temps, le hazard, des circonstances qui ne se produiront jamais sur le globe, le génie et les mœurs du peuple conquérant, que sa situation pénible dans des climats moins heureux, avoit forcé à la conquête, concoururent à former un genre de monarchie qui n'étoit pas le meilleur des gouvernemens, mais le moins imparfait peut-être que les peuples d'alors pussent donner et recevoir.

La conquête eut pour but unique la conservation, la puissance transigea avec la foiblesse, et partagea les fruits de la terre avec ses anciens possesseurs.

Ces conquérants, que des nations civilisées mais injustes avoient appellés *barbares*, parcequ'ils avoient cédé à une tactique militaire qu'ils n'avoient pas apprise, eurent le sage esprit de se donner des chefs pris dans leur sein et illustres par leurs actions militaires ; ils pouvoient tous partager l'autorité suprême ; ils crurent plus utile de la concentrer dans les mains d'un seul pour conserver leurs conquètes, et ils se contentèrent d'en surveiller l'usage, qui ne pouvoit devenir oppressif contre la partie laborieuse du peuple, sans ruiner leur propre fortune et leur influence, puisqu'ils n'étoient riches que de leur nombre et de leur courage; car ils avoient fini par les associer à leur armes et à leur gloire.

Retenus en quelque sorte dans les loix de la nature par leurs guerres perpétuelles avec le peuple romain qui leur fut non moins funeste par les vices que par les talens militaires, ils n'avoient eu que des habitudes religieuses sans avoir jamais connu le fanatisme; aussi, parceque la morale de la religion du peuple vaincu concordoit avec la générosité de leur caractère, et tendoit à les rendre et plus humains et plus heureux, ils donnèrent encore aux nations soumises cette marque précieuse de condescendance, que des conquérans n'avoient pas donné jusqu'alors, et qu'ils ne donnèrent pas depuis.

Toujours armés pour la guerre et vivant dans les camps, la noblesse et son roi n'avoient aucun des vices qui se mêlent toujours aux bienfaits de la civilisation; alliant la rudesse à l'austérité des mœurs, ils avoient sû se faire pardonner leur rang et leurs privilèges par un peuple qui cultivoit son champ avec le sentiment de la sécurité que donne le courage qui protège.

Mais tout viellit dans la nature, et les gouvernemens, comme ses productions les plus riches, ont leur décrépitude et leur jeunesse. Les chefs se lassèrent de leur modération, la noblesse abandonna le droit qu'elle avoit de limiter leur puissance; les prêtres renoncèrent à l'objet auguste de leur sainte institution et se liguèrent avec le trône contre les intérêts de tous; l'on perdit jusqu'au souvenir des vertus utiles qui avoient formé et maintenu si long-tems la société politique qui croula dans tous ses points.

Le monarque, au lieu de faire respecter sa puissance au dehors, n'eut d'ambition que pour l'étendre au-dedans, il ne fut plus le chef de la noblesse pour la mener au combat, mais pour la corrompre ; les voluptés firent périr la valeur et creusèrent le tombeau de l'indépendance de tous les corps intermédaires, qui avoient protégé les rois contre les peuples et les peuples contre les rois.

On ne voulut être que courtisan, parceque la bassesse conduisoit aux honneurs et aux distinctions; on ne sçut plus flatter que le monarque parcequ'en perdant l'amour des armes, on avoit perdu le courage de dire la vérité, et que l'on vouloit jouïr de tous les plaisirs des peuples amollis.

On n'eut plus de vertus publiques, parceque les vertus privées furent ridiculisées par ceux même qui devoient en faire aimer l'exercice.

Au sentiment de l'honneur, ce ressort magique des monarchies, on substitua le sentiment d'une vanité ridicule: l'antique chevalerie qui avoit embelli toutes les pages de l'histoire n'eut pour successeurs que d'efféminés sybarites, qui se plongèrent dans tous les excès du vice, pour nous faire plus amèrement regretter les vertus de leurs ancêtres.

On vendit toutes les dignités au poids de l'or, il n'y avoit plus dans la caste privilégiée de véritable mérite auquel on put les donner.

La débauche et les vices amenèrent la ruine et la misère des familles qui n'avoient conservé aucune vertu : on voulut reconquérir des richesses par de plus grands vices encore; on protégea les vols des publicains pour les partager à la faveur des alliances, dont le moindre inconvénient a leurs yeux étoit celui de trahir les vœux de la nature.

On ne sut plus être ni soldat dans la guerre ni homme d'état dans la paix; le poids de la féodalité devint accablant parcequ'elle n'étoit rachetée par aucune qualité éclatante; on ne vit dans le monarque qu'un usurpateur, dans les nobles que des êtres avilis, et la monarchie sans honneur et sans gloire ne fut plus qu'un état monstrueux:

L'autel qui en avoit été un des plus fermes appuis ne servit plus qu'à en précipiter la chute.

Les premiers ministres de la secte chrétienne qui avoit donné asyle aux principes de la secte stoïque avoient été utiles aux peuples conquérans comme aux peuples conquis, en les liant par les loix d'une religion qui étoit basée sur le devoir de l'homme, d'aimer son semblable; mais leurs institutions philantrophiques étoient des obstacles à leur ambition, ils les renversèrent; ils avoient gagné la vénération des rois; ils voulurent partager leur puissance; ils avoient été grands par leurs vertus; ils ne voulurent plus l'être que par des dignités: ils n'avoient parlé au genre humain que le langage de l'aimable modestie, ils ne l'entretinrent plus que de leur orgueil; au lieu des bienfaits de la bienveillance universelle, on ne gouta partout que les fruits amers de la haine; partout ils jettèrent les brandons de la discorde: au lieu de travailler à réunir les hommes, ils ne s'occupèrent plus que de les diviser, au nom de la plus paisible comme de la plus aimante des religions: ils avoient obtenu l'empire des cœurs, ils voulurent l'empire de la terre : ils avoient été riches au sein de la pauvreté, ils sentirent tous les maux de l'indigence au milieu des richesses. On ne voulut point pardonner aux rois leurs projets ambitieux, parcequ'ils vouloient les legitimer au nom d'une religion qui faisoit un devoir de la justice envers les peuples. La haine se versa également sur eux comme sur les ministres des autels, qui changeant de caractère pour changer de fortune, trahissant la cause du foible pour prendre celle du puissant, ne parlèrent plus à des usurpateurs que de leurs droits et point de leurs devoirs. Leur corruption devint d'autant plus odieuse qu'avec la mission spéciale d'en arrêter les progrès, ils déposèrent tout sentiment de pudeur pour faire de la religion le patrimoine du vice, lorsqu'ils devoient en faire le triomphe de la vertu; tous les sentimens honorables desertèrent l'autel et le trône pour se reléguer dans les cœurs de quelques pasteurs estimables, qui dans le rang obscur, qui leur étoit abandonné, ne purent arrêter le torrent de l'indignation publique.

Les prêtres et les rois furent accusés d'être les auteurs de tous les maux de la patrie; la philosophie acheva de déchirer le voile qui cachoit leurs fautes et leurs perfidies : on les vit ce qu'ils étoient, le peuple rougit d'avoir été si longtems leur jouet et leur victime, le sentiment de ses droits outragés lui mit la foudre dans les mains, et le dix Août fut le complément de ses triomphes, le dernier jour du fanatisme et de la royauté. La royauté disparut alors, pour ne plus reparoître; eh! quels seraient les insensés qui voudraient aujourd'hui l'évoquer de son tombeau? Les circonstances de sa chûte ne portent-elles pas avec elles l'empreinte de l'éternité de sa mort? ou la royauté prendroit-elle les élémens d'une nouvelle vie dans le courage de ses partisans.....? Ils ont lâchement jetté bas leurs armes, lorsque la fortune encore indécise pouvait excuser leur résistance. Dans le sentiment de la honte dont ils se sont couverts? Un vice ne reproduit jamais la vertu contraire, et l'homme deshonnoré l'est pour tous les jours de sa vie: reporteraient-ils leurs espérances sur leur postérité? mais où prendrait-elle l'exemple des vertus et de l'audace? qui lui aurait donné les talens et le génie qui changent la face des empires? La pusillanimité a-t-elle donc engendré une forte énergie? Une imbécille vanité aurait-elle pu produire un noble orgueil? La mollesse, le courage de supporter les fatigues de la guerre? L'habitude de la fuite à la manière des esclaves, inspire-t-elle le besoin de résister à des hommes libres qui combattent pour le regne de la vérité et de la justice? Compteroient-ils encore sur les poignards du fanatisme? ah! sans doute, c'est sur lui que reposent leurs plus chères espérances, c'est de lui qu'ils attendent le massacre des républicains, la mort de la République; c'est de la stupidité et de l'ignoronce qu'ils attendent les efforts qui doivent leur rendre et le trône et l'autel; et déjà n'ont-ils pas fait des essais heureux qui ont noyé dans le sang la plus belle portion de l'empire de la liberté? n'ont-ils pas aux cris de la férocité, dévasté les bords autrefois si enchantés de la Loire, pour en faire le séjour de la tristesse et de la douleur? partout ou le fanatisme a souffl.' ses fureurs, n'a-t-on pas vû les habitans privés de leurs demeures, les champs abandonnés, la charruë brisée, l'assassinat et le meurtre mis au rang des saints devoirs de la religion ? n'a-t-on pas vu le crime égorger l'innocence ; et le Peuple français sur le point de descendre vivant dans le tombeau ?

Mais à quoi ont servi leurs triomphes sanguinaires, qu'à donner l'exemple éclatant de l'empire des lumières sur l'erreur, de la puissance de la philosophie sur les restes expirans de la barbarie ? à quoi leur ont servi leurs forfaits religieux, qu'à éterniser leur honte et leur foiblesse ? La République, comme le chêne des Pyrénées, contre lequel les ouragans ont épuisé leur rage, a étonné le monde de l'eclat de sa majesté et de sa grandeur, elle à reçu une nouvelle vie des efforts qu'ont fait ses ennemis pour la renverser ; ses dangers ont redoublé le courage de ses amis ; du sang des martyrs de la liberté, il est sorti un essain d'hommes énergiques qui ont aussi voulu mourir pour elle, tout à cédé à l'ascendant de son génie, tout est rentré sous ses lois. Elle a triomphé du fanatisme, elle triomphera encore une seconde fois des brigands couronnés qui se sont armés pour l'anéantir ; elle confondra les espérances criminelles des traitres qui font des vœux pour le succès de leurs attentats liberticides.

Insensés ! Vous vous flattez que des tyrans atroces ne se sont armés contre votre patrie que pour vous en faire les souverains ! vous croyez que c'est pour le ridicule plaisir d'ériger des trophées à votre vanité qu'ils font marcher contre nous leurs phalanges hyperboréennes altérées de sang et de carnage ! vous croyez que c'est pour conquerir et rendre des trônes à leurs anciens possesseurs, qu'ils ont commencé cette lutte terrible qui met en problême leur propre existence! Vous croyez que c'est pour vous qu'ils dépeuplent leurs états, qu'ils épuisent leurs trésors! Vous croyez à leur magnanimité, lorsqu'ils dévastent la terre! Vous vous endormez sur leurs promesses lorsqu'ils ont le mensonge et la perfidie dans le cœur!

Eh! bien! s'ils étoient victorieux, si une triste fatalité vouloit qu'ils dévorassent la liberté d'une grande nation, si l'honneur françois devoit disparaître devant les actes de leur férocité, si nos triomphes devoient être arrachés du souvenir des hommes; après la mort de tous les français libres, le sort le plus doux que vous puissiez attendre de la générosité du barbare auquel vous aurez livré les ruines du pays qui vous donna le jour, seroit de mourir ignomineusement sous le fouet de ses esclaves, ou bien si vous pouviez vous résoudre à mourir du poison lent de l'opprobre, si l'excès du remords ne supprimoit pas chez vous tous les principes de la vie, vous iriez avec un visage deshonnoré, expier dans les déserts glacés de la Sibérie, la honte d'avoir trahi votre patrie et survecu à la perte du nom françois; le traitre qui vend la liberté de son pays, est odieux aux tyrans comme aux républicains, l'homme impur lui même se croit souillé de sa présence, et son crime afflige toute la nature.

Si vous tombiez dans le partage d'un tyran moins cruel que celui qui a fait disparoître la nation Sarmatte du rang des nations du monde, le tableau de votre supplice seroit peut-être moins déchirant, mais vos douleurs n'en seroient pas moins amères, vous chercheriez un monarque, et vous n'auriez qu'un maitre ; vous voudriez partager sa puissance, vous seriez trop heureux de jouir du bienfait de la vie ; vous voudriez faire renaitre vos distinctions et votre féodalité, elles seroeint anéanties dans le pouvoir suprême qui ne rend jamais rien ; comme le polype rongeur, il dévore sans cesse pour s'aggrandir. Vous invoqueriez peut-être le nom usé de religion ! ignorez vous que toutes les religions de la terre n'ont lutté contre les tyrans que pour usurper elles mêmes la tyrannie, et jamais pour en affranchir les peuples ? ignorez vous qu'une nation aussitôt qu'elle a perdu son indépendance, est pour le sacerdoce comme pour le dominateur, une proie qu'il ne partage, que lorsque ses forces sont insuffisantes pour la saisir et qu'il ne peut la garder pour lui seul ?

C'est la corruption et la raison qui ont détruit tous les élémens de l'édifice politique que vous regrettez, et vous voudriez le reconstruire dans un jour par l'ignorance et la tyrannie ! C'est la philosophie, qui a démontré aux hommes que les rois, les grands et les prêtres avoient usurpé le domaine de la terre, et vous voudriez nous persuader aujourd'hui que nous ne sommes nés que pour être vos esclaves, que pour flatter vos gouts pervers, vos vices les plus grossiers ! c'est le sentiment de la justice qui a mis dans nos mains le fer de la liberté pour la reconquête de nos droits, et vous voudriez nous charger des chaines de la servitude !

Vous voulez un roi, lorsque par la pente irrésistible des choses, vous n'avez que l'alternative d'une tyrannie atroce ou d'un gouvernement parfaitement libre ! Vous voulez confier à un seul homme, une autorité suprême, lorsqu'il ne vous reste plus de barrièrre pour en arrêter les abus !

Vous voulez le renversement de la République ! Mais si elle étoit renversée, que vous resteroit il que le despotisme le plus intolérable, que le désespoir d'en être à la fois et l'instrument et l'objet ? vos soupirs et vos plaintes y seroient des crimes; votre patience un outrage à vos bourreaux, qui puniroient jusqu'à votre silence dans la douleur. Et pourquoi préféreriez vous la cruelle puissance d'un seul au droit de vous posséder vous même ? ignorez vous que le despotisme est pour les hommes, ce qu'un ouragan furieux est pour les fertiles campagnes ? ignorez vous que tout y est le principe du mal, qu'il n'y a pas la cause possible du bien ? qu'un tyran cesseroit d'exister dès l'instant qu'il cesseroit de détruire ? Au nom de l'humanité, au nom de toutes les vertus, abjurez ce projet liberticide ; il ne peut être que le fruit du délire et du désespoir ; jettez vous dans les bras de la République, elle est la seule sauvegarde, même de ses plus cruels ennemis.

La générosité est le caractère dominant des véritables républicains, le plaisir de conquérir un cœur aux principes de la liberté, leur fait oublier tous les maux que ses erreurs politiques, ou son aveugle passion peuvent lui avoir causés, un ami de plus pour elle, est un ennemi de plus contre la tyrannie.

Ah ! si nos dissentions civiles n'eussent pas affligé la République dès son berceau, elle n'auroit compté que des triomphes, et l'Europe entière eut voulu partager notre bonheur, et s'associer à notre gloire; tous les Français unis à la cause de l'humanité eussent ramené toute la terre à son empire : que tous ceux que leurs sentimens écartent aujourd'hui de cette réunion fraternelle, que ceux que la passion d'être libres n'enflammeroit pas, se laissent au moins guider par le besoin pressant de leur intérêt personnel, par celui de leur propre conservation ; les Français n'ont plus aujourd'hui d'opinions politiques à défendre, c'est leur terre natale que la barbarie leur dispute, c'est des mains d'un ennemi sanguinaire qu'il faut arracher la victoire, c'est à des tyrans implacables qu'il faut faire respecter le sol de notre patrie. Les Français de tous les partis n'ont plus que le choix de la liberté ou de la mort, s'ils sont vaincus, ils ne seront même pas esclaves, ils périront dans les supplices. Des despotes pourroient ils nous pardonner de les avoir si longtems humiliés par nos triomphes ? d'avoir ébranlé la soumission de leurs peuples ? d'avoir jetté au milieu d'eux le germe impérissable de l'insurrection et de la liberté ? d'avoir donné dans tout l'univers le signal de mort contre les ennemis de l'égalité? pourroient ils nous pardonner d'avoir renversé le fanatisme et la superstition, les plus fermes appuis de leur puissance? non, je le répête avec le sentiment de la conviction la plus intime, les Français doivent vaincre ou périr, le danger les presse de cesser leurs divisions domestiques, de se rallier pour leur salut ; ils sont tous coupables du crime irrémissible de vivre sur une terre libre. La politique des tyrans leur fait une loi impérieuse de notre destruction, de celle de tous les peuples qui ont fait cause commune avec nous ; à quoi leur serviroit de conquérir un sol dont les habitans ne perdroient jamais l'espérance de renaître à leurs droits et à leurs libertés ? comment oseroient ils confier à leurs esclaves le soin de comprimer les élans de nos cœurs ? La liberté n'est elle pas comme le feu électrique qui remplit également tout ce qu'elle touche ? Les ténèbres de la servitude pourroient elles tenir contre la vive lumière qu'elle produit? Ah croyez à la tactique exercée des tyrans; Croyez à leur art approfondi d'assurer leur domination ; Ils ravagent la terre au lieu de réparer les maux des sociétés : ils font la guerre à tous les talens ; ils ne livrent de bataille que pour le plaisir de verser le sang, ils ne conquièrent que pour détruire, ils n'ont de sureté qu'au milieu des déserts ; ils tuent tous les hommes libres, parcequ'ils ne peuvent avoir de confiance dans la promesse de la soumission qu'ils leurs arracheroient.

O ma patrie ! O Français ! cherchez donc votre refuge dans la liberté, vous y avez trouvé la gloire, vous y trouverez aujourd'hui votre salut, la honte de vos ennemis, l'affranchissement de tous les peuples, et le triomphe de toutes les vertus !

Vive la République !

www.ingramcontent.com/pod-product-compliance
Lightning Source LLC
LaVergne TN
LVHW010259230826
846091LV00007B/3047

* 9 7 8 2 0 1 3 3 4 4 0 0 5 *